Moacir Nunes da Silva Neto

O Olhar Codificado

Uma Análise da Discriminação Algorítmica Contra Pessoas Negras

Recife

2024

Copyright © 2024 by Moacir Nunes da Silva Neto
E-mail do autor: moacirnunesnt@gmail.com

Diagramação: Jacilene Maria Silva
Capa: Jacilene Maria Silva

S586o Silva Neto, Moacir Nunes da

O Olhar Codificado: uma análise da discriminação algorítmica contra pessoas negras / Moacir Nunes da Silva Neto. – Recife: Independently Published, 2024.

ISBN: 9798332400315

1. Ensaios brasileiros.

2. CDD B869.4

Sumário

Introdução 5

Racismo como manifestação humana 9

Racismo Algorítmico 24

A necropolítica algorítmica 29

Reconhecimento Facial: as faces do viés racista 33

   Considerações finais: em busca de uma tecnologia não-racista 39

Referências bibliográficas 49

*

Introdução

O debate sobre Inteligência Artificial (IA) vem se sobrepondo na seara pública. Seja qual for o meio por qual a discussão é feita, questiona-se qual ou quais seriam os benefícios e os problemas gerados pelo consumo cada vez maior de sistemas de IA. Tendo em conta o funcionamento dessa tecnologia, observa-se o quanto os algoritmos influenciam a decisão e o comportamento humano; e o quanto estamos nos tornando dependentes desse tipo de tecnologia. Ademais, há uma crença de que as decisões de uma máquina seriam isentas de subjetividade e, assim, mais justas e confiáveis.

Contudo, a promessa de objetividade e eficiência algorítmica, no entanto, contrasta com uma realidade perturbadora: a discriminação algorítmica, um fenômeno insidioso que perpetua e amplifica desigualdades sociais preexistentes. Em particular, pessoas negras têm sido alvo de vieses algorítmicos que se manifestam em diversas áreas, perpetuando o racismo estrutural e aprofundando injustiças históricas. No entanto, circuitos eletrônicos e linhas de código, enquanto entidades inanimadas, carecem de agência para manifestar preconceitos intrínsecos. Contudo, os dados que alimentam esses sistemas e os resultados que eles produzem podem refletir e perpetuar vieses sociais preexistentes, incluindo o racismo. Um exemplo paradigmático é um sistema de reconhecimento facial utilizado em aeroportos que, devido a um conjunto de dados de treinamento enviesado, identifica erroneamente uma proporção significativamente maior de indivíduos negros como suspeitos, enquanto isenta indivíduos com características fenotípicas associadas à etnia branca.

A discriminação algorítmica se manifesta de forma multifacetada, impactando negativamente a vida de pessoas negras em diversas esferas. No sistema de justiça criminal, algoritmos de avaliação de risco têm sido acusados de discriminar réus negros, perpetuando um ciclo de encarceramento em massa. No mercado de trabalho, algoritmos de recrutamento e seleção podem perpetuar desigualdades raciais no acesso ao emprego, limitando oportunidades e perpetuando a marginalização. Em serviços financeiros, algoritmos de concessão de crédito podem discriminar pessoas negras, dificultando o acesso a recursos essenciais.

Os impactos da discriminação algorítmica são profundos e se estendem para além do âmbito individual. Ao perpetuar desigualdades raciais e contribuir para a marginalização de comunidades negras, a discriminação algorítmica aprofunda fraturas sociais e mina a coesão social. A tecnologia, em vez de ser uma ferramenta de progresso e inclusão, torna-se um instrumento de opressão e exclusão.

Esta obra se debruça sobre a discriminação algorítmica contra pessoas negras, buscando desvendar os mecanismos pelos quais algoritmos, aparentemente neutros, reproduzem e amplificam o racismo. Dessa forma, **pergunta-se: o racismo algorítmico seria uma reprodução do racismo estrutural?** A partir dessa pergunta problematizadora, o objetivo geral da obra é **analisar como o racismo estrutural se manifesta e é perpetuado por meio de sistemas algorítmicos, aprofundando a discriminação**

contra pessoas negras em diferentes contextos sociais.

Assim, em um **primeiro momento** conceituaremos o racismo como produção humana. Nesse sentido, iremos abordaremos como os mecanismos do racismo se reproduzem por meio da estrutura social e estatal e quais as consequências disso. Ainda, analisaremos a negação do racismo se constitui como o primeiro elemento do que Silva (2022) chama de "dupla opacidade"[1]. **Em segundo momento**, analisaremos como se constitui o racismo algorítmico. **Em um terceiro momento**, investigaremos como o racismo algorítmico pode se transformar em uma necropolítica algorítmica[2], ou seja, como a tecnologia pode reproduzir uma política de domínio dos corpos e levar a uma política de morte a quem não faz parte do ideal da branquitude. **Por fim**, discutiremos como essa "dupla opacidade" se revela e se estabelece, na prática, pelo uso de sistemas de inteligência

---

[1] SILVA, Tarcízio. Racismo Algorítmico: inteligência artificial e discriminação nas redes digitais. São Paulo: Edições Sesc, 2022. p.14
[2] Ibid. p.62

artificial. Nesse sentido, escolhemos as Tecnologias de Reconhecimento Biométrico, especialmente a do reconhecimento facial, cuja função é identificar uma pessoa, notadamente no contexto da justiça criminal. Nesse sentido, a escolha se dá pela existência de muitos casos em que uma pessoa foi erroneamente identificada como "procurada pela justiça".

Por meio de uma pesquisa bibliográfica, esta obra se propõe a desvelar o "olhar codificado" da discriminação algorítmica, revelando seus mecanismos e impactos na vida de pessoas negras. Ao fazê-lo, buscamos contribuir para um debate urgente e necessário sobre o papel da tecnologia na construção de um futuro mais justo e equitativo para todos.

Racismo como manifestação humana

Historicamente, a diferença racial foi utilizada como instrumento de poder para justificar a dominação e a exploração de grupos racializados. Essa construção social da raça permeou diversas áreas do conhecimento, reforçando hierarquias e desigualdades. As classificações sociais baseadas em raça, como "selvagem × civilizado" e "branco × negro", são exemplos de como o poder foi historicamente mantido e perpetuado.

Nesse sentido, Fanon (2008) considera o negro localizado numa zona do não-ser, onde é inserido pelo olhar do branco, que mantém para si o conceito de humano. Para ele, numa estratégia de dominação, "É o racista que cria o inferiorizado"[3]. Assim, o negro psicologicamente condicionado busca o ideal branco, e ao se aproximar dele, evita ao máximo ser confundido com aqueles que, etnicamente assemelhados, não se aproximaram deste ideal.

Assim, a compreensão empática do outro, colocando-se em seu lugar, é uma atividade que notadamente tem difícil execução quando se observa o comportamento apresentado pelos perpetuadores de representações sociais relacionadas com a branquitude. Bento (2009), define a branquitude como "traços da identidade racial do branco

---

[3] FANON, Frantz. Pele negra, máscaras brancas. Bahia: Editora Edufba, 2008. p.29.

brasileiro a partir das ideias sobre branqueamento", e o próprio branqueamento como "um processo inventado e mantido pela elite branca brasileira."[4].

Já Silva (2013), afirma que a ideologia do branqueamento foi defendida por homens como Joaquim Nabuco, Rui Barbosa e Euclides da Cunha, que eram contrários a escravidão, mas racistas e crentes da inferioridade inata dos negros. Assim, buscava atingir senão a pureza racial no país, mas ao menos algo que se assemelhasse a isto. Analisando o problema da imposição silenciosa do branqueamento de forma a falsamente atingir o ideal da identidade racial do branco (a branquitude), atingimento esse que nunca virá de forma verdadeira, observa-se seu estabelecimento como única opção culturalmente viável para o ingresso na vida em sociedade e no ordenamento jurídico, marginalizando o que, subversivamente, foge desse padrão[5].

---

[4] BENTO, Maria Aparecida Silva. Branqueamento e branquitude no Brasil. In: CARONE, I.; BENTO. M. A. S. (orgs.) Psicologia social do racismo: estudos sobre branquitude e branqueamento no Brasil. Petrópolis, Rio de Janeiro: Vozes, 2009.

[5] SILVA, Ana Célia da. Branqueamento e branquitude: conceitos

Ainda para Silva (2013), a ideologia do branqueamento causa, aos não-brancos, a inferiorização e a rejeição de si próprio e do semelhante, fomentando essa busca pela clarificação, de forma a conquistar uma inserção plena na sociedade. Já nos brancos, essa ideologia causa uma imagem negativa dos negros, afastando uma possível sensação de empatia com suas dificuldades, visto que seriam integralmente responsáveis por elas, já que nessa ideologia afirma-se a não existência do racismo (a não ser o oriundo dos próprios negros) e da desigualdade de oportunidades[6].

De forma semelhante, Fanon (2008) considera o negro representado como o não homem, e que teria essa humanidade como um ideal a ser atingido. Ele sintetiza afirmando que "O negro quer ser branco. O branco incita-se a assumir a condição de ser humano." [...] "O

---

básicos na formação para a alteridade. In: NASCIMENTO, Elisa Larkin. (org.). Memórias da escravidão e do tráfico atlântico: Brasil, África e Caribe. São Paulo: Selo Negro, 2013. Disponível em:
http://books.scielo.org/id/f5jk5/pdf/nascimento9788523209186-06.pdf. Acesso em: 9 nov. 2020.
[6] Ibid.

branco está fechado na sua brancura. O negro na sua negrura." (p.27) [...] "para o negro, há apenas um destino. E ele é branco" (p.28)[7].

Pode-se traçar um paralelo entre a dominação masculina, descrita por Bourdier (2002)[8], e a ideologia de branqueamento, no sentido de sua manutenção através da violência simbólica, pois a inferiorização do feminino, neste prisma, se assemelha à inferiorização do negro. Sendo ambos um aspecto do não branco. Essa inferiorização se dá através das instituições e, também, através da hegemonia oriunda da saturação de representações sociais, formando o senso comum (Silva, 2013)[9].

De forma semelhante à ideia de uma suposta neutralidade da tecnologia (no caso, a inteligência artificial), onde as decisões seriam

---

[7] FANON, Frantz. Pele negra, máscaras brancas. Bahia: Editora Edufba, 2008. Págs. 27 e 28.
[8] BOURDIEU, Pierre. A dominação masculina. 2ª ed. Rio de Janeiro: Bertrand Brasil, 2002.
[9] SILVA, Ana Célia da. Branqueamento e branquitude: conceitos básicos na formação para a alteridade. In: NASCIMENTO, Elisa Larkin. (org.). Memórias da escravidão e do tráfico atlântico: Brasil, África e Caribe. São Paulo: Selo Negro, 2013. Disponível em: http://books.scielo.org/id/f5jk5/pdf/nascimento9788523209186-06.pdf. Acesso em: 9 nov. 2020.

mais justas e livres de subjetividade, um argumento frequentemente utilizado para paralisar as discussões sobre relações étnico-raciais no Brasil é o de que não existe racismo por parte dos brancos, mas sim uma democracia racial. Afirma-se também que, quando há racismo, ele é causado pelos próprios negros, na forma de "racismo reverso", resultado, entre outras coisas, de ações afirmativas por parte do Estado. Assim, definir um discurso, política ou ação como racismo reverso é, antes de tudo, exercer o racismo enquanto se apresenta como vítima dele. Assim, para muitos dos que se manifestam dessa forma, "se os negros ocupam posições sociais menos privilegiadas, a culpa é somente deles próprios. [...] o fato de não serem brancos não é visto como um empecilho para que eles possam adquirir certa mobilidade social" (ASSIS e AMORIM, 2011, p. 139)[10].

---

[10] ASSIS, Marcelo Francisco de; AMORIM, Cleyde Rodrigues. RACISMO@ONLINE.COM.BR. Revista da Associação Brasileira de Pesquisadores/as Negros/as (ABPN), [S.l.], v. 2, n. 4, jun. 2011. ISSN 2177-2770. Disponível em:
<http://www.abpnrevista.org.br/revista/index.php/revistaabpn1/article/view/325>. Acesso em: 10 jun. 2024. p. 139.

Nesse sentido, conforme ensina Florestan Fernandes (1989, p.8), a exclusão do negro da participação plena na sociedade brasileira é fruto de um "colonialismo destrutivo"[11], que, nesse contexto, pode ser compreendido como uma herança imposta a esse grupo étnico. De tal modo, a valorização da diversidade racial se contrapõe à tentativa de branqueamento da população brasileira. Portanto, objetivando tornar este um país de uma só cultura, de uma só tonalidade de pele, exibe-se um fundo extremamente preconceituoso e intolerante, ao se tentar mitigar para no futuro extinguir, qualquer resquício de uma cultura que não seja branca e europeia.

Deste modo, o mito da democracia racial brasileira, com a negação do racismo imiscuído em nossa sociedade; a violência simbólica que lentamente modifica cor, aparência, comportamento e cultura de nossos não brancos; e a crítica a ações afirmativas que visam inserção do não branco em setores

---

[11] FERNANDES, Florestan. Significado do protesto negro. São Paulo: Cortez: Autores Associados, 1989.p. 8.

valorizados socialmente (atribuindo racismo reverso, numa forma de desonestidade intelectual), são frutos da ideologia de branqueamento, que busca sob o manto da limpeza étnica, atingir uma suposta pureza racial. Cabe à sociedade o combate dessa hegemonia da branquitude sobre o senso comum, e os métodos para que isso ocorra passam pela defesa dos direitos humanos. Em apoio a essa afirmação, absorve-se a mensagem de Lindgren Alves (2005), que considera que os direitos humanos, "continuam a ser a melhor fonte de inspiração diretiva de que se dispõe atualmente para a ação social e política". Dessa forma, para a construção de um meio social melhor e mais justo, essa abordagem se faz necessária[12].

Os aparatos estatais de direito, justiça e segurança pública, são essencialmente pensados para a manutenção de poderes, privilégios e status de poucos, em detrimento da maioria. O poder coercitivo do estado, tem sua

---

[12] LINDGREN ALVES, José Augusto. Os direitos humanos na pós-modernidade. São Paulo: Perspectiva, 2005. p. 217.

aplicação não democraticamente distribuída, sendo mais presente e visível nos grupos de menor poder aquisitivo. A lei "é feita para alguns e se aplica a outros; que, em princípio, ela obriga todos os cidadãos, mas se dirige principalmente às classes mais numerosas e menos esclarecidas" (FOUCAULT, 1987)[13]. Abstrai-se daí, que uma política de segurança pública voltada para o combate ao inimigo, baseada no encarceramento e punição de um recorte estruturado em etnia e classe, promovendo a desumanização de vítima e comunidade, não atende as necessidades da população, por ser excludente, e na mesma linha de pensamento, não atende direitos fundamentais consagrados internacionalmente. Isso corrobora o pensamento de Bobbio (2004)[14], que afirma que as sociedades são mais livres quando menos justiçadas, e que "a tolerância pode significar a escolha do método da persuasão em vez do método da força ou da

---

[13] FOUCAULT, Michel. Vigiar e punir. Petrópolis: Vozes, 1987. p.243.
[14] BOBBIO, Norberto. A era dos direitos. São Paulo: Campus, 2004. p. 87-88.

coerção" (p. 87). Além das razões de método, Bobbio adiciona uma razão moral para a tolerância: "o respeito à pessoa alheia" (p. 88). Compreende-se assim, a aplicação do poder coercitivo como parte de um todo, destinado a perpetuação de um poder que objetiva a manutenção, de quem o detém e quem não, utilizando-se também da atuação policial, que de forma associada serve a "um dispositivo que obrigue pelo jogo do olhar; um aparelho onde as técnicas que permitem ver induzam a efeitos de poder, e onde, em troca, os meios de coerção tornem claramente visíveis aqueles sobre quem se aplicam" (FOUCAULT, 1987).

Algo que pode surpreender é a similaridade entre o que está academicamente posto e a realidade na atuação das contemporâneas forças detentoras de poder no país. Observam-se discursos no poder executivo que exaltam violência policial, execuções extrajudiciais, e consequentemente, higienização social, beirando um comportamento eugênico. Foucault (1987) se refere a um poder "que faz valer suas regras e as obrigações como laços pessoais cuja ruptura constitui uma ofensa e exige vingança; de um poder para o qual a desobediência é um ato de hostilidade"[15]. Essa relação entre poder e violência também é abordada por Hannah Arendt (1994)[16], que os associa a legitimidade e justificação, respectivamente. Esta concepção aproxima-se ainda mais com uma tendência que apesar de ter tido seu momento na história do país, parece tentar se restabelecer nas entrelinhas do discurso político atual: "(...) um poder que não precisa mostrar porque se aplica suas leis, mas quem são seus inimigos"[17].

Portanto, a suposta capacidade do negro de transitar no mundo branco foi explorada por pensadores como Gilberto Freyre para construir a ilusão de um Brasil que teria superado o problema racial, através de relações harmoniosas entre brancos e negros, e até mesmo da miscigenação como símbolo nacional[18].

---

[15] FOUCAULT, Michel. Vigiar e punir. Petrópolis: Vozes, 1987. p.48.
[16] ARENDT, H. Sobre a Violência. Rio de Janeiro: Civilização Brasileira, 1994. p.32.
[17] Ibid, p. 48.
[18] LUNA, M. J. M. ; SILVA NETO, M. N. . Alteridade negada: ecos

Essa imagem projetou o Brasil internacionalmente como uma "democracia racial", apesar de, para a população negra, essa afirmação ser apenas um mito. Na realidade, o racismo nunca deixou de ser vivenciado e continua a moldar vidas, hierarquizar costumes e promover a segregação diária (Munanga, 2007)[19].

Nesse sentido, das diversas facetas do racismo, o estrutural é um fenômeno complexo e insidioso, arraigado na própria estrutura da sociedade. Diferentemente de atos individuais de discriminação, o racismo estrutural se manifesta nas relações sociais, políticas, econômicas e jurídicas, perpetuando desigualdades e injustiças raciais. Esse sistema opera de forma cíclica, criando e recriando condições de discriminação, tornando o racismo a norma e não a exceção. As ações repetidas de

---

de racismo no agir policial. In: II Seminário Internacional de educação, direitos humanos e cidadania: ANAIS - 2023, 2023, Recife. II Seminário Internacional de educação, direitos humanos e cidadania: ANAIS - 2023. Maceió: Kattleya, 2023. p. 577-597.

[19] MUNANGA, Kabengele (2007). Rediscutindo a mestiçagem no Brasil: identidade nacional versus identidade negra (3a ed.). Autêntica.

diversos indivíduos moldam as estruturas sociais, perpetuando a discriminação racial em diferentes níveis. Dessa forma, o racismo não é uma anomalia ou um desvio da norma social, mas sim um produto intrínseco à própria estrutura da sociedade. Ele se manifesta nas relações políticas, econômicas, jurídicas e até mesmo familiares, perpetuando desigualdades e injustiças raciais. Em outras palavras, o racismo é uma consequência do modo "normal" como a sociedade se organiza e funciona[20].

Assim sendo, no caso do Brasil, o racismo se manifesta de forma concreta e enraizada na estrutura social, como na distribuição desigual de empregos, especialmente em cargos de prestígio, tanto no setor público quanto no privado. O racismo estrutural está presente na ordem social brasileira e se reproduz de forma consciente e inconsciente nos aspectos culturais, econômicos e políticos da sociedade, perpetuando a desigualdade racial em nosso convívio social.

---

[20] ALMEIDA, Silvio. Racismo estrutural. São Paulo: Pólen, 2019. p. 33.

Nesse contexto, Bonilla-Silva (1997) conceitualiza o "racismo estrutural" como um fenômeno que transcende as ações individuais ou ideologias patológicas, argumentando que o racismo não deve ser reduzido a um mero fenômeno ideológico, mas sim compreendido como um componente intrínseco e estrutural do sistema social. Ele refuta a ideia de que o racismo se origina de indivíduos isolados, enfatizando sua natureza sistêmica e institucionalizada[21].

Em seus trabalhos, Bonilla-Silva explora essa perspectiva, criticando a leitura idealista do racismo, que o dissocia das estruturas sociais e ideológicas, perpetuando a "cegueira de cor" (*colorblindness*) e, consequentemente, os "sistemas sociais racializados" que sustentam o "novo racismo". Em sua obra recente, "What makes systemic racism systemic" (2021)[22], ele detalha a materialização desses sistemas racializados em diversos contextos, como

---

[21] BONILLA-SILVA, Eduardo Racism without Racists: Color-Blind Racism and the Persistence of Racial Inequality in the United States. Lanham: Rowman & Littlefield

[22] BONILLA-SILVA, Eduardo. What Makes Systemic Racism Systemic? Social Inquiry, 91(2), 2021. p.513-533.

escolas, segregação, discriminação no mercado de trabalho, encarceramento, policiamento e moradia. O autor defende a importância de uma compreensão sistêmica do racismo, sem negligenciar a agência individual também destaca a relevância de movimentos como o *Black Lives Matter*, que contribuem para enquadrar o racismo dentro de uma perspectiva sistêmica e interseccional, considerando a interação com gênero, classe e orientação sexual.

Em razão disso, se a inteligência artificial usa uma gama de dados produzidos por seres humanos (*big data*), não seria difícil de se imaginar conteúdos racistas. Porém, assim como o mesmo raciocínio da branquitude, há um mito que Ruha Benjamin (2019) define como "*The New Jim Code*"[23] no qual há as "novas tecnologias que refletem e reproduzem as desigualdades existentes, mas que são promovidas e percebidas como mais objetivas

---

[23] *The New Jim Code* é uma referência ao livro de Michelle Alexander, *The New Jim Code* - um texto que criticou o sistema carcerário dos EUA por rotular homens negros como criminosos para construir uma nova subclasse racial em uma era de cegueira para as diferenças raciais.

ou progressistas do que os sistemas discriminatórios de uma era anterior" (p.5-6)[24]. Isso significa que essas tecnologias, mesmo aparentando serem imparciais e avançadas, na verdade, continuam a perpetuar e reforçar as estruturas de supremacia branca existentes, mascarando a discriminação como meras estatísticas descritivas.

Racismo Algorítmico

O racismo algorítmico é o processo pelo qual tecnologias e visões de mundo moldadas pela supremacia branca classificam, distribuem recursos e exercem violência de forma racialmente desigual, prejudicando grupos minorizados. Essa ordenação é uma camada adicional do racismo estrutural, moldando o futuro das relações de poder e intensificando a exploração e opressão global que remonta ao colonialismo do século XVI[25].

---

[24] BENJAMIN, Ruha. Race After Technology: Abolitionist Tools for the New Jim Code, Cambridge: Polity, 2019. p.5-6. tradução nossa.

[25] SILVA, Tarcízio. Racismo Algorítmico: inteligência artificial e discriminação nas redes digitais. São Paulo: Edições Sesc, 2022.p.69.

O conceito de racismo algorítmico revela que as tecnologias não são neutras e podem agravar desigualdades econômicas, políticas e culturais, ocultando as relações raciais e suas opressões. Além disso, envolve a **extração** de dados e trabalho de forma colonial e racializada, perpetuando a exploração do Sul Global pelo Norte Global.

Pois bem. Existe uma tendência a tratar os algoritmos como ferramentas simples a serviço de um objetivo maior: encontrar uma resposta, resolver um problema ou entreter. Silva (2022)[26] e Tarlenton Gillespie (2018)[27] usam o termo "opacidade algorítmica" para descrever o processo de invisibilização que, enquanto apresenta um produto mágico ao público, nos traz um espaço vazio de responsabilidade.

Desse modo, o problema da "Caixa-Preta" na tecnologia de IA refere-se à incapacidade de compreender totalmente o processo de tomada de decisão de um sistema e prever suas saídas.

---

[26] Ibid.
[27] TARLETON, Gillespie. A Relevância dos algoritmos. Parágrafo, 6(1), 2018, p. 95-121.

Essa falta de transparência dificulta a determinação da intenção por trás da IA, especialmente em sistemas projetados para objetivos específicos, como maximizar lucros. Ao contrário de programas tradicionais, a IA opaca pode funcionar de maneiras imprevisíveis, mesmo para seus desenvolvedores, tornando os testes de intenção tradicionais ineficazes.

A natureza dinâmica da tomada de decisão da IA, baseada em dados passados, aumenta a imprevisibilidade e dificulta a avaliação da intenção, pois os resultados podem não estar alinhados com as intenções originais. A opacidade tecnológica, muitas vezes intencional por motivos econômicos ou de proteção intelectual, é agravada pela complexidade dos sistemas de IA. Essa falta de transparência impede a atribuição de responsabilidade, pois dificulta a compreensão do funcionamento interno e do processo de tomada de decisão.

Para Bathaee (2018)[28], essas IAs que operam como caixas pretas tomam decisões e

---

[28] BATHAEE, Yavar -The artificial intelligence black box and the failure of intent and causation, Harvard J, Law Technol, nº 31, 2018, p. 17 a 25.

fazem previsões sem revelar seu "raciocínio" e, dessa maneira, impede inferências sobre a intenção dos desenvolvedores da IA, já que mesmo eles podem não prever as soluções ou decisões que a IA tomará. Isso demonstra que as IAs, conforme demonstramos anteriormente, já superam a execução de tarefas pré-determinadas, pois chegam a soluções dinâmicas baseadas em padrões que podem ser imperceptíveis para seres humanos. No contexto jurídico-penal, a opacidade tecnológica impede a determinação precisa da causa de um dano e a identificação do responsável por ele. A dificuldade em estabelecer o nexo causal e a imputação subjetiva, especialmente em sistemas autônomos com alto grau de autonomia, pode levar a um vácuo de responsabilidade (*responsability gap*)[29].

Contudo, um ponto crucial nessa modulação algorítmica é que ela se baseia na

---

[29] SOUSA, Susana Aires de, "Não fui eu, foi a máquina: Teoria do crime, Responsabilidade e Inteligência Artificial", A inteligência artificial no Direito Penal, Anabela Miranda Rodrigues (Coord), Almedina, 2020, p. 67.

ideia dominante de que a tecnologia é neutra. Dessa forma, a análise da neutralidade tecnológica explora a ideia de que dispositivos e algoritmos são frequentemente apresentados como soluções mais precisas e confiáveis em comparação às decisões humanas, que são inerentemente sujeitas a viés. A promessa é que essas tecnologias poderiam corrigir erros humanos e atuar com maior justiça, precisão e objetividade. Algoritmos, dentro desse contexto, são tratados como "estabilizadores de confiança", promovendo decisões que pretendem ser imparciais e livres de influências subjetivas.

Porém, essa visão idealizada enfrenta uma realidade mais complexa. Apesar das alegações de neutralidade e objetividade, é essencial entender que nenhum sistema tecnológico é totalmente autônomo de interferências humanas. Por trás de qualquer algoritmo ou dispositivo, existem decisões humanas em seu desenvolvimento, desde a seleção dos dados utilizados para treinamento até as regras e iniciativas que guiam seu funcionamento. Portanto, esses sistemas não são completamente isentos de parcialidade.

A ideia de neutralidade tecnológica, portanto, não é tão simples nem plenamente realizável, e o campo permanece controverso, polifônico e fluido. Por fim, esses aspectos ressaltam que, enquanto a tecnologia pode oferecer benefícios significativos, ela ainda carrega consigo a marca das interações, intenções e possíveis limitações dos seus criadores humanos.

A necropolítica algorítmica

Foucault (2008), ao questionar a natureza do racismo, conclui que ele é um produto do biopoder, um mecanismo que divide a humanidade em grupos que "devem viver" e grupos que "devem morrer". Essa divisão se manifesta na criação de hierarquias raciais, fragmentando o campo biológico e permitindo ao poder manipular a população.

Além disso, o racismo estabelece uma relação perversa entre a vida e a morte, onde a eliminação do "outro" - o diferente, o inferior - é vista como necessária para a sobrevivência e purificação da sociedade. Essa lógica, originada no Estado moderno, justifica a violência e a exclusão como ferramentas de controle social. Nesse sentido, para o autor, o racismo é a base sobre a qual se ergue uma sociedade normalizadora, onde a morte - seja ela física ou social - do outro é aceitável. Essa "morte política" é a forma mais insidiosa de exclusão, e o racismo é a chave para sua legitimação.[30] Nesse sentido, Foucault (2008) destaca duas características principais do racismo: a promoção da morte dentro da lógica do biopoder e a crença de que a morte do outro fortalece o indivíduo e a população em geral.

Ademais, Achille Mbembe (2018), em sua obra "Necropolítica", expande essa perspectiva ao analisar como o biopoder, através do "estado de exceção", decide quem vive e quem morre. Ele atualiza o conceito de racismo de Estado, cunhando o termo "necropolítica" para descrever o poder de ditar a morte. Para o autor, a necropolítica se caracteriza pelo sacrifício da

---
[30] FOUCAULT, *Segurança, território e população*, p. 305-308.

vida humana. Assim, a morte é tão importante quanto a vida na biopolítica, e o racismo de Estado se manifesta quando a lógica se inverte para "fazer morrer e deixar viver". Essa forma de racismo, enraizada na regulação e disciplinarização dos corpos, define qual vida é "normal" e elimina aqueles considerados "anormais"[31].

Partindo dessa ideia de Necropolítica, Silva (2022) aduz que essa lógica de disciplinar e controlar os corpos também vem sendo potencializada por meio da tecnologia. Ao utilizar, o termo "necropolítica algorítmica"[32], o autor aborda compreensão do papel dos algoritmos e da IA na perpetuação das hierarquias de poder e nas dinâmicas de opressão e discriminação racial. Nesse sentido, o termo poderia ser visto como relacionado à "racismo algorítmico", que, como vimos, se refere à forma como as tecnologias e os

---

[31] MBEMBE, *Necropolítica, biopoder, soberania, estado de exceção, política de morte*, p. 11 - 18

[32] SILVA, Tarcízio. Racismo Algorítmico: inteligência artificial e discriminação nas redes digitais. São Paulo: Edições Sesc, 2022.p.159.

imaginários sociotécnicos em um mundo moldado pela supremacia branca realizam a ordenação racializada de classificação social, distribuição de recursos e exercício de violência em detrimento de grupos minoritários. Esse tipo de ordenação algorítmica pode ser visto como uma camada adicional do racismo estrutural, moldando futuros e relações de poder, além de adicionar mais complexidade e opacidade à exploração e à opressão já presentes desde o projeto colonial do século XVI.

Assim, a necropolítica, neste contexto, refere-se ao uso dos sistemas algorítmicos para decidir quem vive e quem morre, ou seja, como vidas são consideradas descartáveis ou valiosas com base em classificações racistas e opressivas incorporadas nas tecnologias de IA. É uma forma extrema de violência institucionalizada e delegada para sistemas que, ostensivamente, deveriam ser neutros ou apenas técnicos. Nesse contexto, o racismo algorítmico replica ou exacerba preconceitos raciais existentes, afetando desproporcionalmente grupos já marginalizados.

Ademais, esse processo se dá por verdadeiras hierarquias de humanos, pois são os sistemas que decidem quem tem acesso a recursos ou qual a probabilidade de alguém ser tratado de determinada maneira (por exemplo, perfis de risco para ações de segurança pública), baseados em dados enviesados. Acrescenta-se ainda a utilização de complexidade técnica e segredos comerciais para evitar supervisão pública e responsabilidade, perpetuando a opressão sob uma capa de tecnicalidade inescrutável.

Portanto, a necropolítica algorítmica pode ser entendida como o uso de tecnologias de IA que embutem e reforçam discriminações que, em última instância, podem ditar a vida e a morte de indivíduos, especialmente em um contexto racializado.

Reconhecimento Facial: as faces do viés racista

Uma recente reportagem do portal UOL mostrou o caso de um homem que, no dia 13 de abril de 2024, foi preso em um estádio de futebol, no estado de Sergipe, no Brasil, identificado erroneamente por um sistema de reconhecimento facial da polícia daquele estado. Antônio Trindade acompanhava a final de um campeonato de futebol local quando foi abordado por policiais que o algemaram e o levaram para interrogá-lo em uma sala. Ainda segundo a reportagem, Trindade relatou constrangimento na abordagem. Outro caso relatado pela publicação, foi o de Thaís dos Santos, em 2023, no mesmo estado brasileiro, a qual também passou por uma abordagem após ser reconhecida de forma errada pelo mesmo sistema. Por esses erros, o sistema foi desativado pela Polícia de Sergipe[33].

      Nesse caso em comento, um ponto a ser verificado é que mesmo com uma identificação que pareceria livre de qualquer viés, a abordagem permaneceu no mesmo padrão de tratamento como se as duas pessoas fossem

---

[33] DURÃES, Uesley. Reconhecimento Facial: erros expõem falta de transparência e viés racista. UOL, 28abr24, acesso em 30 de jun. 24. Disponível em:
https://noticias.uol.com.br/cotidiano/ultimas-noticias/2024/04/28/reconhecimento-facial-erros-falta-de-transparencia.htm

mesmo indivíduos marginalizados. Houve uma transferência do "tirocínio policial"[34] para uma espécie de "tirocínio digital" com ampla confiança na informação por parte das forças policiais.

Contudo, os sistemas biométricos utilizam características físicas únicas para identificar indivíduos. Essas características podem ser baseadas em atributos externos, como traços faciais, ou em análises biológicas, como DNA. As tecnologias de reconhecimento facial (TRFs) são um tipo de sistema biométrico que pode ser usado para diversas finalidades, desde a simples detecção de rostos em imagens até a identificação de características como sexo, raça, idade e expressões emocionais.

Assim, no caso específico da identificação de um indivíduo, há um processo mais complexo de comparação de duas ou mais fontes de dados (comparação 1:N), o que ocorre, por exemplo,

---

[34] O tirocínio é uma percepção mais apurada de fatos que estão relacionados à atividade prática, situações que se repetem no cotidiano e dão ao policial uma visão diferenciada do caso concreto. Seriam ensinamentos complementares ao que é trazido na sala de aula pela teoria. Em suma: é o saber prático do policial.

quando a polícia cruza imagens capturadas por câmeras de vídeo com galerias de fotos de suspeitos. Nesse caso, o sistema de videomonitoramento captura a imagem de uma pessoa cometendo um crime, por exemplo, e precisa fazer a identificação. Portanto, a pergunta que a tecnologia busca responder é: quem é a pessoa da imagem? Para Kanashiro (2011), o sistema "busca todos os registros do banco de dados e retorna uma lista de registros com características suficientemente similares à característica biométrica apresentada".[35]

Pois bem. No caso brasileiro, a Lei Geral de Proteção de Dados (LGPD), em vigor desde 2020, visa proteger "dados pessoais sensíveis", incluindo informações biométricas. Entretanto, a utilização de sistemas biométricos pelas forças policiais existe em um vácuo legal. A LGPD determina que o uso de tais tecnologias em investigações criminais, ações repressivas e questões de segurança nacional seja

---

[35] KANASHIRO, M. Biometria no Brasil e o Registro de Identidade Civil: novos rumos para a identificação. Tese de Doutorado, Departamento de Sociologia, Universidade de São Paulo (FFLCH/USP), 2011. p. 27.

regulamentado por uma lei complementar ainda não aprovada, a "LGPD penal". Essa lacuna legal deixa em aberto os limites do uso de tecnologias de reconhecimento facial pelas autoridades, mas não impediu que diversos estados investissem nessa tecnologia. Mas quais seriam as faces do viés racista?

Dessa forma, a questão pode ser respondida pelas denúncias sobre os erros cometidos por TRFs contra pessoas negras ganharam visibilidade após o documentário "Coded Bias" (2020). Nele, Joy Buolamwini, pesquisadora do MIT, apresenta um estudo[36] que avalia a precisão de sistemas de reconhecimento facial de grandes empresas, como IBM, Microsoft e Face++. Buolamwini (2018) revela que a maioria das TRFs possui erros de identificação que variam de 1% para homens brancos a 35% para mulheres negras. Essa revelação levou algumas empresas a

---

[36] BUOLAMWINI, Joy. GEBRU, Timnit. Gender Shades: Intersectional Accuracy Disparities in Commercial Gender Classification," Conference on Fairness, Accountability, and Transparency, New York, NY,
February 2018.

suspenderem a comercialização de seus produtos.

Portanto, quais seriam os problemas identificados nos sistemas de reconhecimento facial? Em termos de viés racial são as falhas sistemáticas dos sistemas de Reconhecimento Facial (RF) que frequentemente identificam erroneamente pessoas negras, como exemplificado nos casos mencionados no início deste tópico. Ademais, os sistemas de RF têm desempenho Inferior para pessoas pretas. Assim, os estudos como os de Joy Buolamwini e Timnit Gebru (2018) demonstraram que os sistemas comerciais de verificação facial têm desempenho muito pior para identificar pessoas pretas, especialmente mulheres pretas.

Além disso, como conceituado por Silva (2022), a presença de racismo algorítmico em sistemas de IA perpetua e amplifica as desigualdades raciais existentes. Essa ordenação algorítmica racializada promove uma classificação social discriminatória, resultando em uma distribuição desigual de recursos e violência que prejudica grupos racialmente marginalizados. Isso traz consequências perigosas, pois o viés racial nos sistemas de RF pode acarretar prisões equivocadas de pessoas pretas, realizadas sob a presunção de eficácia e neutralidade tecnológicas, quando na verdade tais tecnologias carregam vieses inerentes.

Por fim, os erros não são aleatórios nem eventuais; são sistemáticos e recaem mais frequentemente sobre determinados grupos raciais, evidenciando uma questão ética e política mais profunda do que meras limitações tecnológicas. Ainda há problemas legais e procedimentais pois as TRFs e RF se entrelaçam com práticas controversas como a montagem de "álbuns de suspeitos" que podem conter imagens de indivíduos inocentados ou que já cumpriram suas penas, perpetuando assim a injustiça.

Portanto, esses problemas ressaltam a complexidade e a gravidade das questões éticas e sociais envolvidas no uso de tecnologias de RF, apontando para a necessidade de uma intervenção que vá além do mero aprimoramento técnico.

Considerações finais: em busca de uma tecnologia não-racista

A dinâmica histórica e política da diferença racial se refere à maneira como o conceito de raça foi construído e utilizado ao longo da história para fins de poder e dominação. Assim, não se trata de uma diferença biológica inata, mas sim de uma construção social que serviu para justificar a exploração e a opressão de determinados grupos. Então, essa construção se deu através de um processo histórico complexo, no qual colonizadores e grupos supremacistas brancos utilizaram a ideia de raça para estabelecer hierarquias sociais e legitimar suas ações. O conceito de "ser negro", por exemplo, foi moldado ao longo do tempo de acordo com os interesses políticos da época, sendo muitas vezes associado a características negativas e inferiorizantes[37].

Para reforçar essa narrativa, diversas áreas do conhecimento, como a ciência e a antropologia, foram instrumentalizadas,

---

[37] SILVA, Tarcízio. Racismo Algorítmico: inteligência artificial e discriminação nas redes digitais. São Paulo: Edições Sesc, 2022.p.26-29

produzindo teorias e classificações que corroboravam a ideia de uma hierarquia racial natural. Essas teorias, muitas vezes baseadas em preconceitos e estereótipos, contribuíram para a perpetuação da desigualdade e da discriminação.

As classificações sociais baseadas em pares conceituais, como "selvagem × civilizado", "cristão × pagão" e "branco × negro", são exemplos de como essa dinâmica se manifestou na prática. Ao criar categorias opostas e excludentes, esses sistemas classificatórios não apenas definiram identidades, mas também estabeleceram relações de poder desiguais, legitimando a opressão e a marginalização de grupos considerados inferiores.

Contudo, a estrutura técnico-algorítmica das plataformas digitais e tecnologias pode tanto ser moldada, quanto provocar manifestações de racismo. Isso significa que, por um lado, essas tecnologias podem ser programadas com vieses racistas, perpetuando e amplificando a discriminação. Por outro lado, a forma como as pessoas utilizam essas tecnologias, compartilhando conteúdo racista, por exemplo, também pode moldar seus algoritmos e reforçar esses vieses.

Podemos dar como exemplo claro dessa dinâmica a circulação de conteúdo racista nas plataformas digitais. Esse tipo de conteúdo, muitas vezes, gera engajamento e aumenta o tempo de permanência dos usuários nas plataformas, o que, por sua vez, gera mais receita para as empresas que as controlam. Essa relação entre economia e discriminação cria um ciclo vicioso, no qual o racismo é amplificado e monetizado, reforçando estereótipos e preconceitos. Outro exemplo é o uso de tecnologias como o reconhecimento facial. Essa tecnologia, muitas vezes, é treinada com dados enviesados, o que resulta em taxas de erro mais altas para pessoas negras e outras minorias étnicas. Além disso, a "imaginação carcerária", que associa certos grupos étnicos à criminalidade, influencia a forma como essa tecnologia é utilizada, resultando em práticas de vigilância e controle direcionadas a essas minorias[38].

Ademais, podemos observar uma injustiça legal e discriminatória, pois a confiança de negros e minorias na igualdade e no Estado de Direito está ligada à forma como a realidade social é representada. Dessa forma, instituições dominantes muitas vezes omitem informações e rejeitam discussões sobre desigualdade, o que perpetua desvantagens para esses grupos. Além disso, a experiência de viver em uma sociedade que espera comportamentos padronizados segundo normas brancas leva negros a uma constante "dupla consciência", na qual precisam avaliar suas ações de acordo com as expectativas de outros, além de suas próprias perspectivas.

Com o objetivo de constatarmos a existência da "dupla opacidade" ou a crença que as estruturas do Estado não são racistas e que a tecnologia é isenta de subjetividade e ao mesmo

---

[38] SILVA, Tarcízio. Racismo Algorítmico: inteligência artificial e discriminação nas redes digitais. São Paulo: Edições Sesc, 2022.p.103-109.

tempo justa, discutimos a questão do Reconhecimento Facial (RF) e como a resposta comum de que a tecnologia está em constante desenvolvimento e que a solução para suas falhas está na otimização tecnológica ignora as questões mais profundas relacionadas ao punitivismo e ao racismo institucional. A ideia de neutralidade do RF, desde sua concepção até seus efeitos no mundo, é questionada, pois a tecnologia não é neutra e está inserida em um contexto social complexo.

  Assim, ao se considerar o RF como neutro, ele se desvincula dos processos que o moldaram, ignorando os efeitos do racismo e assumindo a responsabilidade de expor corpos suspeitos, contribuindo para a manutenção de desigualdades e segregações existentes. A recusa em reconhecer a falta de neutralidade do RF amplifica as consequências negativas, como a violência e a opressão que surgem da falta de transparência e da falta de consideração das questões sociais subjacentes.

  Por outro lado, há de se sugerir uma amplificação da discussão, dar voz a diferentes perspectivas e permitir que as controvérsias sejam debatidas. Nesse sentido, uma crise se instaura e desafia a suposta paz artificialmente mantida e abre-se caminho para a possibilidade de um mundo alternativo.

No entanto, passos importantes foram dados, como o da União Europeia, em seu Regulamento de Inteligência Artificial, aprovado em 2024. O diploma legal menciona a proibição do uso da Inteligência Artificial (IA) para avaliação de cidadãos com base em seu comportamento, status socioeconômico ou características pessoais, prática conhecida como "*social scoring*". Essa prática, que existe na China, envolve pontuar as pessoas de acordo com seus comportamentos considerados bons ou maus. Além disso, a lei veta a categorização biométrica de indivíduos com base em religião, visão de mundo, orientação sexual e raça, assim como a identificação de emoções no local de trabalho e em instituições de ensino.

Ademais, o reconhecimento facial em espaços públicos, por meio de vigilância por vídeo em locais como praças públicas, não será permitido de forma indiscriminada. Exceções podem ser feitas somente a pedido de autoridades de segurança mediante ordem judicial, por exemplo, para combater crimes como tráfico de pessoas e terrorismo. Assim, empresas que violarem essa lei estarão sujeitas a sanções pelos países-membros da União Europeia, como multas que podem variar de 1,5% a 7% do faturamento. Além disso, indivíduos que identificarem violações podem apresentar queixas às autoridades nacionais, que têm o poder de abrir processos de supervisão e impor penalidades. Essas medidas visam proteger os direitos individuais e evitar abusos no uso da IA e do reconhecimento facial, garantindo a privacidade e a segurança dos cidadãos.

Em conclusão, é crucial reconhecer que a suposta neutralidade de tecnologias como o reconhecimento facial é uma falácia. A crença de que um dispositivo técnico pode tratar todos os rostos igualmente ignora suas limitações técnicas e a diversidade humana. Ao analisar o funcionamento interno do reconhecimento facial, fica claro que ele opera com base em um modelo específico de rosto, o que pode levar a discriminações e exclusões.

Conforme Stengers (2018)[39], a construção de um mundo comum exige a produção coletiva de conhecimento, envolvendo ativamente todos os atores sociais. A expertise técnica não é suficiente para lidar com situações complexas. A homogeneização promovida por dispositivos sociotécnicos como o reconhecimento facial, que exclui grupos minoritários, impede a construção de um mundo verdadeiramente heterogêneo.

Portanto, a tecnologia, quando utilizada sem considerar as complexidades sociais e éticas, pode perpetuar desigualdades e prejudicar a construção de uma sociedade inclusiva. É imperativo que o desenvolvimento e a implementação de tecnologias como o reconhecimento facial sejam guiados por princípios éticos e responsáveis, respeitando a diversidade e os direitos de todos os indivíduos[40].

---

[39] STENGERS, Isabelle. A proposição cosmopolítica. Revista do Instituto de Estudos Brasileiros, 69, 2018, p. 442-464.
[40] SANTOS, L. G. M., COSTA, A. B., DAVID, J. S., & PEDRO, R. M. L. R. (2023). Reconhecimento facial: tecnologia, racismo e construção de mundos possíveis. Psicologia & Sociedade, 35.

Como as ferramentas de inteligência artificial são baseadas em dados e informações produzidas há anos pela humanidade, não se espera que estas sejam neutras e livres de vieses racistas. Para a construção de uma tecnologia não-racista, primeiro deve-se reconhecer que há um racismo estrutural. Portanto, não se trata de uma melhora tecnológica e sim social.

2023.

Referências bibliográficas

ALMEIDA, Silvio. **Racismo estrutural.** São Paulo: Pólen, 2019.

ARENDT, Hannah. **Sobre a Violência.** Rio de Janeiro: Civilização Brasileira, 1994.

ASSIS, Marcelo Francisco de; AMORIM, Cleyde Rodrigues. **RACISMO@ONLINE.COM.BR.** Revista da Associação Brasileira de Pesquisadores/as Negros/as (ABPN), [S.l.], v. 2, n. 4, jun. 2011. ISSN 2177-2770. Acesso em: 10 jun. 2024. Disponível em: <https://abpnrevista.org.br/site/article/view/325>.

BATHAEE, Yavar -**The artificial intelligence black box and the failure of intent and causation.** Harvard J, Law Technol, nº 31, 2018.

BENJAMIN, Ruha. **Race After Technology: Abolitionist Tools for the New Jim Code.** Cambridge: Polity, 2019.

BENTO, Maria Aparecida Silva. **Branqueamento e branquitude no Brasil.** In: CARONE, I.; BENTO. M. A. S. (orgs.) Psicologia social do racismo: estudos sobre branquitude e branqueamento no Brasil. Petrópolis, Rio de Janeiro: Vozes, 2009.

BOBBIO, Norberto. **A era dos direitos.** São Paulo: Campus, 2004.

BONILLA-SILVA, Eduardo. **Racism without Racists: Color-Blind Racism and the Persistence of Racial Inequality in the United States.** Lanham: Rowman & Littlefield.

BONILLA-SILVA, Eduardo. **What Makes Systemic Racism Systemic?** Social Inquiry, 91(2), 2021.

BOURDIEU, Pierre. **A dominação masculina.** 2ª ed. Rio de Janeiro: Bertrand Brasil, 2002.

BUOLAMWINI, Joy. GEBRU, *Timnit. Gender Shades: Intersectional Accuracy Disparities in Commercial Gender Classification.* Conference on Fairness, Accountability, and Transparency, New York, NY, February 2018.

DURÃES, Uesley. **Reconhecimento Facial: erros expõem falta de transparência e viés**

racista. UOL, 28abr24, acesso em 30 de jun. 24. Disponível em: <https://noticias.uol.com.br/cotidiano/ultimasnoticias/2024/04/28/reconhecimento-facial-erros-falta-de-transparencia.htm.>

FANON, Frantz. **Pele negra, máscaras brancas.** Bahia: Editora Edufba, 2008.

FERNANDES, Florestan. **Significado do protesto negro.** São Paulo: Cortez: Autores Associados, 1989.p. 8

FOUCAULT, Michel. **Segurança, território, população** *(curso dado no Collège de France 1977-1978)*. Edição estabelecida por Michel Senellart sob a direção de François Ewald e Alessandro Fontana; tradução Eduardo Brandão; revisão da tradução Claudia Berliner. São Paulo: Martins Fontes, 2008.

FOUCAULT, Michel. **Vigiar e punir: nascimento da prisão.** *T*radução de Raquel Ramalhete. Petrópolis, Vozes, 1987.

KANASHIRO, M. **Biometria no Brasil e o Registro de Identidade Civil: novos rumos para a identificação.** Tese de Doutorado, Departamento de Sociologia, Universidade de São Paulo (FFLCH/USP), 2011.

LINDGREN ALVES, José Augusto. **Os direitos humanos na pós-modernidade.** São Paulo: Perspectiva, 2005.

LUNA, M. J. M. ; SILVA NETO, M. N. . **Alteridade negada: ecos de racismo no agir policial**. In: II Seminário Internacional de educação, direitos humanos e cidadania: ANAIS - 2023, 2023, Recife. II Seminário Internacional de educação, direitos humanos e cidadania: ANAIS - 2023. Maceió: Kattleya, 2023. p. 577-597.

MBEMBE, Achille. **Necropolítica, biopoder, soberania, estado de exceção, política de morte**. São Paulo, SP: n-1 edições, 2018.

MUNANGA, Kabengele (2007). **Rediscutindo a mestiçagem no Brasil: identidade nacional versus identidade negra** (3a ed.). Autêntica

SANTOS, L. G. M., COSTA, A. B., DAVID, J. S., & PEDRO, R. M. L. R. (2023). **Reconhecimento facial: tecnologia, racismo e construção de mundos possíveis**. Psicologia & Sociedade, 35. 2023.

SILVA, Ana Célia da. **Branqueamento e branquitude: conceitos básicos na formação para a alteridade**. In: NASCIMENTO, Elisa Larkin. (org.). Memórias da escravidão e do tráfico atlântico: Brasil, África e Caribe. São Paulo: Selo Negro, 2013. Disponível em: http://books.scielo.org/id/f5jk5/pdf/nascimento97 88523209186-06.pdf. Acesso em: 9 nov. 2020.

SILVA, Tarcízio. **Racismo Algorítmico: inteligência artificial e discriminação nas redes digitais.** São Paulo: Edições Sesc, 2022

SOUSA, Susana Aires de, **"Não fui eu, foi a máquina: Teoria do crime, Responsabilidade e Inteligência Artificial"**, A inteligência artificial no Direito Penal, Anabela Miranda Rodrigues (Coord), Almedina, 2020.

STENGERS, Isabelle. **A proposição cosmopolítica.** Revista do Instituto de Estudos Brasileiros, 69, 2018.

TARLETON, Gillespie. **A Relevância dos algoritmos.** Parágrafo, 6(1), 2018.

www.ingramcontent.com/pod-product-compliance
Lightning Source LLC
Chambersburg PA
CBHW072002210526
45479CB00003B/1038